**Hard Press**

# THE AULD DOCTOR AND OTHER POEMS AND SONGS IN SCOTS

BY DAVID RORIE M.D.

# Contents

# THE AULD DOCTOR.

O' a' the jobs that sweat the sark
Gie me a kintra doctor's wark,
Ye ca' awa' frae dawn till dark,
Whate'er the weather be, O!

Some tinkler wife is in the strae,
Your boots are owre the taps wi' clay
Through wadin' bog an' sklimmin' brae
The besom for to see, O!

Ye ken auld Jock o' Windybarns?
The bull had near ca'ed oot his harns,
His een were blinkin' fu' o' starns,
An' doon they ran for me, O!

There's ae guid wife, we're weel acquaint,
Nae trouble's kent but what she's taen't,
Yet aye she finds some new complaint,
O' which I hae the key, O!

She's had some unco queer mishaps,
Wi' nervish wind and clean collapse,
An' naethin' does her guid but draps-
Guid draps o' barley-bree, O!

I wouldna care a docken blade,
Gin her accoont she ever paid,
But while she gi'es me a' her trade,
There's ne'er a word o' fee, O!

Then De'il hae a' thae girnin' wives,
There's ne'er a bairn they hae that thrives,
It's aye the kink-hoast or the hives
That's gaun to gar them dee, O!

Tak' ony job ye like ava!
Tak' trade, the poopit or the law,
But gin ye're wise ye'll haud awa'
Frae medical degree, O!

# THE CRAMBO-CLINK.

Afore there was law to fleg us a',
An' schedule richt frae wrang,
The man o' the cave had got the crave
For the lichtsome lilt o' sang.
Wife an' strife an' the pride o' life,
Woman an' war an' drink;
He sang o' them a' at e'enin's fa'
By aid o' the crambo-clink.

When the sharpest flint made the deepest dint,
An' the strongest worked his will,
He drew his tune frae the burnie's croon
An' the whistlin' win' o' the hill.
At the mou' o's cave to pleesure the lave,
He was singin' afore he could think,
An' the wife in bye hush'd the bairnie's cry
Wi' a swatch o' the crambo-clink.

Nae creetic was there wi' superior air
For the singer wha daur decry
When they saw the sheen o' the makar's een,
An' his han' on his axe forbye?
But the nicht grew auld an' he never devaul'd
While ane by ane they would slink,
Awa' at a rin to their beds o' skin
Frae the soun' o' the crambo-clink.

# THE LUM HAT WANTIN' THE CROON.

The burn was big wi' spate,
An' there cam' tum'lin' doon
Tapsalteerie the half o' a gate,
Wi' an auld fish-hake an' a great muckle skate,
An' a lum hat wantin' the croon!

The auld wife stude on the bank
As they gaed swirlin' roun',
She took a gude look an' syne says she:
"There's food an' there's firin' gaun to the sea,
An' a lum hat wantin' the croon!"

Sae she gruppit the branch o' a saugh,
An' she kickit aff ane o' her shoon,
An' she stuck oot her fit-but it caught in the gate,
An' awa' she went wi' the great muckle skate,
An' the lum hat wantin' the croon!

She floatit fu' mony a mile,
Past cottage an' village an' toon,
She'd an awfu' time astride o' the gate,
Though it seemed to gree fine wi' the great muckle skate,
An' the lum hat wantin' the croon!

A fisher was walkin' the deck,
By the licht o' his pipe an' the mune,
When he sees an auld body astride o' a gate,
Come bobbin' alang in the waves wi' a skate,
An' a lum hat wantin' the croon!

"There's a man overboord!" cries he,
"Ye leear!" says she, "I'll droon!
A man on a boord!  It's a wife on a gate,
It's auld Mistress Mackintosh here wi' a skate,
An' a lum hat wantin' the croon!"

Was she nippit to death at the Pole?
Has India bakit her broon?
I canna tell that, but whatever her fate,
I'll wager ye'll find it was shared by a skate,
An' a lum hat wantin' the croon!

There's a moral attached to my sang,
On greed ye should aye gie a froon,

When ye think o' the wife that was lost for a gate,
An' auld fish-hake an' a great muckle skate,
An' a lum hat wantin' the croon!

# THE PAWKY DUKE.

[It is hoped that all Scottish characteristics known to the Southron are here: pawkiness and pride of race; love of the dram; redness of hair; eldership of, and objection to instrumental music in the Kirk; hatred of the Sassenach; inability to see a joke, *etc., etc.* An undying portrait is thus put on record of the typical Scot of the day.]

There aince was a very pawky duke,
Far kent for his joukery-pawkery,
Wha owned a hoose wi' a gran' outlook,
A gairden an' a rockery.
Hech mon! The pawky duke!
Hoot ay! An' a rockery!
For a bonnet laird wi' a sma' kailyaird
Is naethin' but a mockery!

He dwalt far up a Heelant glen
Where the foamin' flood an' the crag is,
He dined each day on the usquebae
An' he washed it doon wi' haggis.
Hech mon! The pawky duke!
Hoot ay! An' a haggis!
For that's the way that the Heelanters dae
Whaur the foamin' flood an' the crag is!

He wore a sporran an' a dirk,
An' a beard like besom bristles,
He was an elder o' the kirk
And he hated kists o' whistles!
Hech mon! The pawky duke!
An' doon on kists o' whistles!
They're a' reid-heidit fowk up North
Wi' beards like besom bristles!

His hair was reid as ony rose,
His legs was lang an' bony,
He keepit a hoast an' a rubbin'-post
An' a buskit cockernony!
Hech mon! The pawky duke!
An' a buskit cockernony!
Ye ne'er will ken true Heelantmen
Wha'll own they hadna ony!

An' if he met a Sassenach,
Attour in Caledonia,
He gart him lilt in a cotton kilt

9

Till he took an acute pneumonia!
Hech mon! The pawky duke!
An' a Sassenach wi' pneumonia!
He lat him feel that the Land o' the Leal
'S nae far frae Caledonia!

Then aye afore he socht his bed
He danced the Gillie Callum,
An' wi's Kilmarnock owre his neb
What evil could befall him!
Hech mon! The pawky duke!
What evil could befall him?
When he cast his buits an' soopled his cuits
Wi' a gude-gaun Gillie Callum!

But they brocht a joke, they did indeed,
Ae day for his eedification,
An' they needed to trephine his heid
Sae he deed o' the operation!
Hech mon! The pawky duke!
Wae's me for the operation!
For weel I wot this typical Scot
Was a michty loss to the nation!

# MACFADDEN AND MACFEE.

[This ballad is of great interest, and, as far as we know, has not hitherto appeared in print. It is certainly not in Child's Collection. It was taken down from the singing of an aged man of 105 years, in Glen Kennaquhair. Internal evidence would tend to show that the incidents recorded in the ballad occurred in the seventeenth century, and that Sir Walter Scott had heard at least one verse of it. The aged singer-now, alas! no more-sang it to the air of "Barbara Allen."]

It was an' aboot the Lammas time,
In sixteen forty-three, sirs,
That there fell oot the awfu' fecht
'Twixt Macfadden an' Macfee, sirs.

Macfadden, wha was gaun to kirk
Upon the morn's morn,
Had washed his kilt an' cleaned his dirk
An' combed his Sabbath sporran.

An' bein' for the time o' year
Remarkably fine weather,
These articles o' dress were laid
To air upon the heather.

Waes me! Macfee, while dandrin' owre
The bonnie braes o' Lorne,
Maun gang an' pit his muckle fit
Upon Macfadden's sporran.

A piece o' carelessness like this
The brichtest heart would sadden,
An' when he saw the caitiff deed
It fair gaed owre Macfadden.

For he was shavin' at the time,
An' when the sicht he saw, sir,
Wi' rage he shook an' nearly took
His neb aff wi' his raazor.

A while he swore and staunched the gore
An' ere Macfee got ae lick,
Macfadden cursed him heid an' heels
In comprehensive Gaelic.

Syne when his breath was a' but gane,
An' when he couldna say more,

11

He lat a muckle Heelant yell
An' at him wi' his claymore.

What sweeter sound could warrior hear
Unless it was the daddin'
That echoed oot when'er Macfee
Got hame upon Macfadden?

Nae sweeter soond I weel could ween,
Exceppin' it micht be, sirs,
The soond that hurtled oot when'er
Macfadden hit Macfee, sirs.

An awfu' fecht it was to see,
A fecht baith fell an' dour, sirs,
For ere the tuilzie weel began
The glen was fu' o' stour, sirs.

An awfu' fecht, again I say't,
And on each auld clay biggin',
The freends o' baith, like hoodie craws,
Were roostin' on the riggin'.

And aye they buckled till't wi' birr;
In combat sair an' grievous,
They glanced like lightnin' up Strathyre
An' thundered doon Ben Nevis.

Wha won the fecht, or whilk ane lost,
Was hid frae mortal e'e, sirs,
Nane saw the fearsome end o' baith
Macfadden an' Macfee, sirs.

But still they say, at break o' day,
Upon the braes o' Lorne,
Ye'll hear the ghaistly rustlin' o'
Macfadden's Sabbath sporran.

# TAM AND THE LEECHES.

### I.

Faith, there's a hantle queer complaints
To cheenge puir sinners into saints,
An' mony divers ways o' deein'
That doctors hae a chance o' seein'.
The Babylonian scartit bricks
To tell his doots o' Death's dark tricks,
The Roman kentna hoo 'twas farin'
Across the ferry rowed by Charon,
An' readin' doonwards through the ages
The tale's the same in a' their pages,
Eternal grum'lin' at the load
We hae to bear alang Life's road,
Yet, when we're fairly at the bit,
Awfu', maist awfu sweer to flit,
Praisin' the name o' ony drug
The doctor whispers in oor lug
As guaranteed to cure the evil,
To haud us here an' cheat the Deevil.
For gangrels, croochin' in the strae,
To leave this warld are oft as wae
As the prood laird o' mony an acre,
O' temporal things a keen partaker.

### II.

Noo a' this leads up to my tale
O' what befell puir Tam MacPhail,
A dacent miner chiel in Fife
Wha led a maist exemplar' life,
An' ne'er abused himsel' wi' liquor,
But took it canny-like an' siccar.
Aye when he cast his wet pit-breeks,
Tam had a gless that warm'd his cheeks;
For as it trickled owre his craigie,
He held it wardit aff lumbaigy.
It wasna that he liked the dram,
'Twas pure needcessity wi' Tam!
But twa years syne-or was it three?-
Tam thocht that he was gaun to dee,
An' Faith! they've often gar'd me grew
By tellin' what I'll tell to you.

### III.

The early tatties had come in
When Tammas's besettin' sin,

A love o' a' this warld's gude things
An' a' the pleesures eatin' brings,
Gar'd him hae sic a bad mischeef
It fleggit him ayont belief!
Pay-Saturday it was, I mind,
An' Jean, intendin' to be kind,
Had biled the firstlins o' her yaird
(For naethin' else Tam wud hae sair'd),
Sae when they cam' frae Jean's clean pat,
Altho' they seemed a trifle wat,
Tam in his hunger ate a meal
That wud hae staw'd the big black Deil,
Syne at his cutty had a draw,
Syne gantit wi' wide-open jaw,
An' aince his heid was on the cod,
He sune was in the land o' Nod.


IV.
But when the knock had chappit four
Tam had to rise an' get attour,
For in his bed he couldna' bide
He'd sic a steer in his inside!
The granes o'm waukent faithfu' Jean.
An' then began a bonny scene!
A parritch poultice first she tries,
Het plates on plates she multiplies,
But ilka time his puddens rum'les
A' owre the place Tam rows an' tum'les,
For men in sic-like situations,
Gude kens hae gey sma' stock o' patience!
Yet fast the pain grows diabolic,
A reg'lar, riving, ragin' colic,
A loupin', gowpin', stoondin' pain
That gars the sweat hail doon like rain.
Whiles Tam gangs dancin' owre the flair,
Whiles cheeky-on intil a chair,
Whiles some sma' comfort he achieves
By brizzin' hard wi' baith his nieves;
In a' his toilsome tack o' life
Ne'er had he kent sic inward strife,
For while he couldna' sit, forbye
Like Washington he couldna' lie!


V.
Noo, at lang last his guts was rackit
Till Tam was bullerin' fair distrackit,
An' sune wi' roar succeedin' roar
He fosh in a' the fowk neist door,

An' ane o' them-auld Girsie Broon-
She ran an' brocht the doctor doon,
Wha hurried in a' oot o' breath,
For Girsie said 'twas life or death!
The doctor oxter'd Tam till's bed,
Fingert his wame an shook his head;
"We who pursue the healing art,
See youth commence and age depart,
Pills we prescribe and pulses feel,
Your systems know from scalp to heel!
And here? Potato indigestion,
Of that there's not the slightest question,
While, what my great experience teaches
Is most relief is got from leeches."-
"Awa'," yells Tam, "fesh hauf a dizzen!
O haste ye, ere I loss my rizzon!"
Sae aff gangs wullin' Girsie Broon,
To wauk the druggist wast the toon.


VI.
Noo, Droggie had an awfu' stock,
Tobacco, wreetin' paper, rock,
A' kin' o' wersh tongue-twistin' drinks,
A' kin' o' Oriental stinks,
The best cod liver ile emulsions,
Wee poothers that could cure convulsions,
Famed Peter Puffer's soothin' syrup,
An' stuff to gar canaries chirrup.
He'd toothache tinctur's, cures for corns,
Pomades to gar hair grow on horns,
He'd stuff for healin' beelin' lugs,
He'd stuff for suffocatin' bugs,
He'd stuff for feshin' up your denners,
Against your wull an' a' gude menners,
A' kin' o' queer cahoochy goods
To suit the system's varyin' moods,
Wi' navvies' operatin' peels,
Sookers for bairns an' fishin' reels,
In fac'-but losh! I'd better stop,
The mannie kep' a druggist's shop!
An' in his bauchles an' his breeches
Cam' grum'lin' doon to get the leeches
While, nearly scunnert wi' their squirmin',
Aff hirples Girsie wi' the vermin.


VII.
An' noo, my billies, draw a veil,
Till mornin's licht, owre Tam Macphail,

Till aince again the doctor cam'
To see what cheenge was wrocht in Tam.
'Twas nine o'clock he stapt in-bye,
Relieved to hear nae waesome cry.
"Well, well, Macphail!" the doctor says,
"My treatment's worthy of all praise!
I left you-why 'twas like a riot!
I see you now, contented, quiet.
Far, very far, our knowledge reaches!
How did you get on with the leeches?"
Tam ne'er replied, but turn'd his back,
Wi' tearful een 'twas Jean wha spak,
"Eh, Doctor! -Sic an awfu' cure
I ne'er saw gi'en to rich or puir,
For when we saw the ugsome beasts
It gart the herts rise in our breists!
But Tam, wha tak's your word for law,
Juist swalla'd doon the first pair raw!
Yet try's he micht, an' sair he tried,
He had to hae the last four fried!"
The doctor turn'd him on his heel,
An' though puir Tam looked rale no-weel,
He couldna trust himsel' to speak,
The tears were rinnin' doon his cheek,
An' a' that day was sair forfaughen
Wi' tryin' to haud himsel' frae lauchin'!

VIII.
Whate'er wi' Tam ye chance to crack on,
There's ae thing ye maun ne'er gang back on.
Freely he'll talk on politics,
The weather an' its dirty tricks,
On wages an' the price o' coal
Or things conneckit wi' the soul,
On hoo the meenister's a leear
An' medical advice owre dear,
But if the crack warks roond to leeches,
Puir Tam pits doon his pipe an' retches!

16

# THE HOWDIE.

'Twas in a wee bit but-an'-ben
She bade when first I kent her,
Doon the side roadie by the kirk
Whaur Andra was precentor.

An' a' the week he keepit thrang
At's wark as village thatcher,
Whiles sairly fashed by women folk,
Wi' "Hurry up an' catch her!"

Nae books e'er ravel't Tibbie's harns,
Nae college lear had reached her,
An' a' she kent aboot her job
Her ain experience teached her.

To this cauld warld in fifty year
She'd fosh near auchteen hunner.
Losh keep's! When a' thing's said an' dune,
The cratur' was a won'er!

A' gate she'd traivelled day an' nicht,
A' kin' o' orra weather
Had seen her trampin' on the road,
Or trailin' through the heather.

But Time had set her pechin' sair,
As on his way he birled;
The body startit failin' fast
An' gettin' auld an' nirled.

An' syne, to weet the bairnie's heid
Owre muckle, whiles, they'd gie her;
But noo she's deid-ay, mony a year-
An' Andra's sleepin' wi' her.

## DAYLICHT HAS MONY EEN.

O! can'le licht's baith braw and bricht
At e'en when bars are drawn,
But can'le licht's a dowie sicht
When dwinin' i' the dawn.
Yet dawn can bring nae wearier day
Than I hae dree'd yestre'en,
An' comin' day may licht my way-
Daylicht has mony een.

Noo, daylicht's fairly creepin' in,
I hear the auld cock craw;
Fu' aft I've banned him for his din,
An' wauk'nin' o' us a'!
But welcome noo's his lichtsome cry
Sin' bed-fast I ha'e been,
It tells anither nicht's gane by-
Daylicht has mony een.

O! bed-fast men are weary men,
Laid by frae a' their wark;
Hoo thocht can kill ye ne'er will ken
Till tholin' 't in the dark.
But ere nicht fa's I'll maybe see
What yet I hinna seen,
A land whaur mirk can never be-
Daylicht has mony een.

# THE BANE-SETTER.

Oor Jock's gude mither's second man
At banes was unco skilly;
It cam' by heirskep frae an aunt,
Leeb Tod o' Nether Tillie.
An' when he thocht to sough awa',
He sent for Jock, ay did he,
An' wulled him the bane-doctorin',
Wi' a' the lave o's smiddy.

A braw doon-settin' 'twas for Jock,
An' for a while it paid him,
For wi's great muckle nieves like mells
He pit in banes wi' smeddum.
Ay! mony a bane he snappit in
At elbuck, thee, an' shouther;
Gin ony wouldna gang his gait,
Jock dang them a' to poother.

Noo, smiddy wark's a droothy job,
Sae whiles Jock wat his whustle,
When wi' a horse-shoe or a bane
He'd held some unco tussle.
But even though miracklous whiles,
It mattered nane whativer,
For whaur's the body disna ken
A drucken doctor's cliver?

Ae nicht when Jock was gey weel on,
An' warslin' wi' some shoein',
They brocht a bane case intil him
That proved puir Jock's undoin',
A cadger wi' an auld cork leg,
An' fou as Jock or fouer,
Wha swore that o' his lower limb
He'd fairly lost the pooer.

Jock fin's the leg, an' shaks his heid,
Syne tells the man richt solemn,
"Your knee-pan's slippit up your thee
Aside your spinal column;
But gin ye'll tak a seat owre here,
An' lat them haud ye ticht, man,
I'se warrant for a quart o' beer
I'll quickly hae ye richt, man."

Jock yokit noo wi' rale guid wull
To better the condeetion,
While Corkie swore he had his leg
Ca'd a' to crockaneetion.
Jock banned the lamp-"'twas in his een"-
An' deaved wi' Corkie's granin',
Quo' he, "Gin ye'll pit oot the licht
I'll gey sune pit the bane in!"

Oot went the licht, Jock got his grup,
He yarkit an' he ruggit,
He doobled up puir Corkie's leg,
Syne strauchtened it an' tuggit.
An' while that baith the twa o' them
Were sayin' some orra wordies,
Auld Corkie's leg, wi' hauf o's breeks,
Cam' clean aff at the hurdies.

Jock swat wi' fear, an' in the dark
He crep' attour the smiddy,
For, weel-a-wat, he thocht his wark
Would land him on the widdy.
An' wi' the leg he ran till's hoose,
Just half way doon the clachan,
His cronies oxterin' Corkie oot,
An' nearly deein' o' lauchin'.

But at Jock's door they stude an hour,
An' vainly kicked an' knockit,
Sin' Jock, in a' the fear o' death,
Had got it barred an' lockit.
An' 'twas na till the neist forenune
They fand the leg, weel hidden,
For Jock was oot afore daylicht
An' stuck it in the midden.

This feenished Jock, an' efter han'
He buckled til his ain wark,
For sune a' owre the kintra-side
They kent aboot his bane wark,
An' hoo a law-wer fleggit Jock
At Corkie's instigation,
An' gart him pay a five-pun' note
By way o' compensation.

Ne sutor ultra crepidam
Is gude enough for maist o's,

For aye there's wark that's bude to get
The better o' the best o's.
An' just as doctors canna shoe
Or haud a hin' leg stiddy,
Ye needa seek for surgery
Inside a country smiddy.

# BRITHERS.

'Twas up at the tree near the heid o' the glen
I keppit a tinkler chiel,
The cauld wind whistled his auld duds through,
He was waesomely doon at the heel;
But he made me free o' his company,
For he kent that I wished him weel.

He lookit me fairly 'tween the een,
He cam' o' an auncient clan;
He gae me gude-day in a freendly way,
While he spak me man to man,
Though my gibbles were a' for the human frame
An' his for kettle an' pan.

"Ye're oot i' the warst that the weather can dae,
Ye're free o' the road, like me,
I palmer aboot for kettles to cloot,
Wi' an orra-like weird to dree;
An' oor job's to men' whativer'll men',
Wi' luck to fix oor fee!

Brithers baith o' the auld high road-
Yet the Deil hae General Wade
For learnin's the shauchle instead o' the step
Wi' the weary wark o' his spade,
Till the Jew an' the Sassenach lord it noo
Owre the hills whaur the heroes gaed!"

"O, gang ye East," quo' I, "or Wast,
Or whither awa' gang ye?
Will ye come to a hoose whaur a gude man bides,
For a tastin' o' barley bree?
Ye can howk i' the kebbuck an' howk again
As lang as there's kebbuck to pree.

Or seek ye a saxpence to slocken your drooth?
Ye needna be langer in doot;
Ye can hae a bit hurl to help ye on,
An' I'll get ye a pan to cloot.
I'se warrant I'll freely lat ye in,
An' as freely lat ye oot."

A tuft o' the broom was knotted wi' tow,
An' a rag on't fluttered free,

While he shook his heid owre some ferlies there,
That I'm bathered if I could see,
Though I kent my soul was sib to his
In a queer free-masonry.

"The wife's a mile on the road afore's,
An' the bairnies farther still;
I canna keep tryst wi' doctor folk,
But I'll borrow the price o' a gill,
An' I'll pay ye back when we've finished oor tack
O' a' that's gude an' ill."

He spat on the siller an' pooched it syne,
An' quately winked an e'e;
"The road's a bond that we canna deny,
An' its linkit you an' me
In the kindly yoke o' the gaun-about folk,
Whauriver they chance to be!"

On the bowl o's cutty he scartit a spunk,
An' he leggit it doon the wind;
Gin his claes would hae fleggit a bubbly-jock,
Guid Lord! he'd an easy mind!
An' oor forebears maybe were near-hand freen's
For a' that I can find.

# THE CYNIC.

Cauld blew the blast frae East to Wast,
A blast wi' a smirr o' snaw,
An' it took the doctor's guid lum hat
Richt owre the kirk-yaird wa'.
When he sichtit it he dichtit it,
An' he glowred wi' an angry e'e-
For says auld Jock Smairt, wha was passin' wi' his cairt:
"Ye've a gey gude crap," says he.

Cauld blew the blast frae East to Wast,
A blast baith snell an' keen,
An' the washin' o' the clarty wife
Sailed aff the washin' green,
An' it landit on the midden-heid,
Whaur nae washin' ought to be-
An' says auld jock Smairt, wha was passin' wi' his cairt:
"Weel, hame's aye hame," says he.

Cauld blew the blast frae East to Wast,
An' it gart the deid leaves loup,
An' it set the shoothers heicher yet
O' the gaithrin' at the roup;
An' stour filled the een o' the unctioneer,
Till the cratur' couldna see;
An' says auld Jock Smairt, wha was passin' wi' his cairt:
"Turn aboot's fair play," says he.

Cauld blew the blast frae East to Wast,
An' the rein catched the grey mear's tail,
An' her heels to save her hin'er en'
Gaed lashin' like a flail.
An' the haill apotheck lay in spails,
As the grey mear warsled free;
An' when auld Jock Smairt saw the fashion o' his cairt:
"Wha's seekin' ony spunks?" says he.

# THE NICHT THAT THE BAIRNIE CAM' HAME.

I was gaun to my supper richt hungert an' tired,
A' day I'd been hard at the pleugh;
The snaw wi' the dark'nin' was fast dingin' on,
An' the win' had a coorse kin' o' sough.
'Twas a cheery like sicht as the bonny fire-licht
Gar't the winnock play flicker wi' flame;
But my supper was "Aff for the doctor at aince!"
That nicht that the bairnie cam' hame.

Noo, I kent there was somethin' o' that sort to be,
An' I'd had my ain thochts, tae, aboot it;
Sae when my gude-mither had tel't me to flee,
Fegs, it wisna my pairt for to doot it.
Wi' a new pair o' buits that was pinchin' like sin,
In a mile I was hirplin' deid lame;
'Twas the warst nicht o' a' that I ever pit in,
That nicht that the bairnie cam' hame.

I'd a gude seeven mile o' a fecht wi' the snaw,
An the road was near smoort oot wi' drift;
While the maister at market had got on the ba',
Sae I'd tint my ae chance o' a lift.
When I passed the auld inn as I cam' owre the hill,
Although I was mebbe to blame,
I bude to gang in-bye an' swallow a gill,
That nicht that the bairnie cam' hame.

"Gude be thankit!" says I, at the doctor's front door,
As I pu'd like mischeef at the bell;
But my he'rt gae a dunt at the story that runt
O' a hoose-keeper body'd to tell.
The man wasna in? He was at the big hoose?
A sick dwam cam' richt owre my wame.
Hoo the deevil was I to get haud o' him noo,
That nicht that the bairnie cam' hame?

The doctor was spendin' the nicht at the laird's,
For the leddy, ye see, was expeckin';
A feckless bit cratur, weel-meanin' an' a',
Though she ne'er got ayont the doo's cleckin'.
It's them that should hae them that hinna eneugh,
Fegs, lads, it's a damnable shame!
Here's me wi' a dizzen, and aye at the pleugh
Sin' that nicht that the bairnie cam' hame!

What was I to dae? I was at my wits' en',
For Tibbie the howdie was fou,
An' e'en had I got her to traivel the road
What use was she mair than the soo?
I was switin' wi' fear though my fingers was cauld,
An' my taes they were muckle the same;
Man, my feet was that sair I was creepin' twa-fauld
That nicht that the bairnie cam' hame.

Three hoors an' a hauf sin' I startit awa',
An Deil faurer forrit was I!
Govy-ding! It's nae mows for the heid o' the hoose
When the mistress has yokit to cry!
A set o' mis-chanters like what I'd come through
The strongest o' spirits would tame,
I was ettlin' to greet as I stude in the street
That nicht that the bairnie cam' hame!

But a voice that I kent soondit richt in my lug,
Frae my he'rt it fair lifted a load
As I tells him my story, for wha should he be
But the factor's son hame frae abroad.
"It's a brute of a night, but to doctor's my trade,
If ye'll have me, my laddie, I'm game!"
An' he druve his ain trap seeven mile through the snaw
That nicht that the bairnie cam' hame.

Ay! an' cracked like a pen-gun the hail o' the road
An' though I was prooder than ask,
When he fand I was grewsin' awa' at his side
He filled me near fou frae his flask.
Syne when a' thing was owre an' I gruppit his han'
Says the wife, "We maun gie him the name!"
An' there's aye been a gude word for him i' the hoose
Sin' the nicht that the bairnie cam' hame.

# HUMAN NATUR'.

As I gang roon' the kintra-side
Amang the young an' auld,
I marvel at the things I see
An' a' the lees I'm tauld.
There's Mistress-weel, I winna say:
I wadna hurt her pride,-
But speerits hae a guff, gude-wife,
Nae peppermints can hide.

Then there's the carle I said maun bide
In bed or I cam' back,
An' frae the road I saw him fine
Gang dodgin' roond a stack;
I heard him pechin' up the stair
As I cam' in the door-
But Faith! My lad was in his bed
An' ettlin' for to snore.

An' here's a chap that needs a peel,
He chaws it roon' an' roon',
He's narra' i' the swalla', an'
He canna get it doon.
Yet whiles his swalla's wide eneuch,
The muckle ne'er-dae-weel,
Gin it had aye been narra'er
He hadna nott the peel.

Ye tend them a', baith great an' sma',
Frae cradle to the grave,
An' add to sorrows o' your ain
The tribbles o' the lave,
An' yet ye find they're a' the same,
When human natur's watched,
It's no' ill deeds they haud as wrang-
The sin o't 's when they're catched.

# ANG-BANG-PANG.

O hae ye heard the latest news
O' Mistress Mucklewame?
Her doctor hadna pickit up
Her trouble here at hame,
Sae they took her tae a speeshalist
To fin' oot what was wrang,
An' it seems noo a' the bother
Has been ang-bang-pang.

Faith, in the marriage market then
Her man's had little luck,
She's just a muckle creishy lump
That waddles like a juck;
But the nerves gaun through her body's
Been the trouble a' alang,
An' its complicated noo, ye see,
By ang-bang-pang.

I've aye held oot oor doctor
Was a skeely man afore,
But I'll never lat the cratur noo
A stap inside the door!
A' up an' doon the parish
It has made a bonny sang,
That he didna ken his neebor's wife
Had ang-bang-pang.

They've pit her in hot water baths
To lat the body steep,
They're feedin' her on tablets
Frae the puddens o' a sheep,
They're talkin' o' a foreign spaw
Upon the continang,
They think they'll maybe cure her there
O' ang-bang-pang.

There's mony ways o' deein' that
Oor faithers didna ken,
For ae way foond in "Buchan," noo
The doctors gie us ten;
But I hope to a' the Pooers abune
Auld Death may be owre thrang
To come an' smoor my vital spark
Wi' ang-bang-pang.

# THE SPEESHALIST.

Saturday Night.

Noo, ye'll no' tak' it ill o' me, Mistress Macqueen,
For ye ken ye are juist a young kimmer,
An' I am a mither that's beerit fourteen,
An' forty year mairrit come simmer;
When ye see your bit bairnie there drawin' up her knees,
Wi' grups in her little interior,
Juist gie her a nip o' a gude yalla cheese,
An' ye'll find that there's naethin' superior!

The doctor had said that ye shouldna row'r ticht,
Ye should aye gie the wee cratur's belly scope?
Awa' wi' the lang-leggit lum-hattit fricht
Wi' his specks an' his wee widden tellyscope!
What kens he o' littlens?  He's nane o' his ain,
If she greets it juist keeps the hoose cheerier,
See!  *That* was the wey I did a' my fourteen,
An' ye'll find that there's naethin' superior!

I tell ye, noo, warkin' fowk canna draw breath,
What wi' sanitries, cruelties, an' bobbies,
An' the doctors would pit ye in fair fear o' death
Wi' their blethers o' German macrobbies!
I've been at their lectures on health an' High Jean,
Gude kens that I niver was wearier!
Use your ain commonsense when ye're treating' your wean,
An' ye'll find that there's naethin' superior!

Sunday Morning.

She's awa'?  Weel, ma wumman, I thocht that mysel',
When I saw your blind doon frae our corner,
An', says I, "I'll juist tak' a step upbye an' tell
Twa or three things its better to warn her."
'Twas the doctor's negleck o'r, the auld nosey-wax!
There's naethin' to dae noo, but beery her,
Tammy Chips mak's a kist here at seeven-an'-sax,
An' ye'll find that there's naethin' superior!

## ISIE.

The wife she was ailin', the doctor was ca'ed,
She was makkin' eneuch din for twa,
While Peter was suppin' his brose at the fire,
No' heedin' the cratur' ava.
"Eh, doctor! My back's fair awa' wi' it noo,
It was rackit the day spreadin' dung;
Hae Peter! Come owre wi' the lamp, like a man,
Till the doctor can look at my tongue!"

But Peter had bade wi' her near forty year,
Fine acquaint wi' her weel-soopled jaw,
Sae he lowsed his tap button for ease till his wame,
Wi' a gant at the wag-at-the-wa'.
"Weel Isie," says he, "an' it's me that should ken,
That's the ae place ye niver hae cramp.
The lamp's bidin' here: if he's seekin' a sicht
O' yer tongue he can pull't to the lamp!"

# THE HYPOCHONDRIAC.

I dinna ken what is the maitter wi' Jeams,
He canna get sleepit at nicht for his dreams,
An' aye when he waukens he granes and he screams
Till he fair pits the shakers on me!

Can ye no mak' up somethin' to gie him a sleep?
I'm tellin' ye, doctor, he gars my flesh creep,
Till I'm that fu' o' nerves that the verra least cheep
Noo juist fair pits the shakers on me!

Wi' his meat he was aince a man easy to please,
But last Sabbath he flang the fried ingans an' cheese
That I had for his supper richt into the bleeze,
An' he fair pit the shakers on me!

Then he sat in the ingle an' chowed bogie-roll,
An' read "Jowler's Sermons" an' talked o' his soul,
Faith! conduc' o' that sort's no' easy to thole,
For it fair pits the shakers on me!

He's plenty o' siller, ye're sure o' your fee,
Just gie him a soondin', an' gin he's to dee,
Come oot wi' the truth-dinna fash for a lee,
It'll no' pit the shakers on me!

What! Juist heepocondry? Nocht wrang wi his chest?
The Deil flee awa' wi' the man for a pest!
To think o' me lossin' sae mony nichts' rest
An' him pittin' the shakers on me!

Ay, though he may rout like the bull in the park,
I'se warrant the morn he's on wi' his sark,
An' aff wi' the rest o' the men till his wark,
An' he'll no' pit the shakers on me!

# THE AULD CARLE.

The auld man had a girnin' wife,
An' she was aye compleenin',
For a' kin' o' orra things
The body aye was greenin'.
It's "I'll try this," and "I'll try that,"
At ilka adverteesement,
She flang his siller richt an' left
An' niver got nae easement.

The carle he led sic a life,
The haill thing was a scunner,
Sae ae braw day his birse was up,
He fairly roondit on her.
"Ye're aye gaun to dee, gude-wife-
Fowre nichts I hinna sleepit,
Gin it's to be, I wush to peace
Ye'd set a day an' keep it!"

Wow! noo there was a tirravee!
An angry wife was she, than!
"An' is it no' my ain affair
The day I'm gaun to dee, than!
Aha! ye think ye'll tryst the wricht
An' rid him o' his timmer?
Syne haud anither waddin' wi'
Some feckless, thowless limmer!"

Awyte, but noo she's fu' o' life
She's ta'en anither tack o't!
An' aye that she flees oot on him
His words is at the back o't!
Sae keep your tongue atween your teeth
When ettlin' to be cliver,
Ense ye'll be like the auld carle
An' en' waur aff than iver!

# THE FEE.

In the heicht o' the foray
Sir Raif got a clour,
Sir Raif the regairdless,
In battle sae dour.
O cleanly the saddle
They ca'ed him attour!

Then aid for his wounds
He did sairly beseech,
An' aff to the greenwood
In shade o' a beech
They hurried auld Simon
The kintra-side's leech.

Wi' a tow roon' his neck
Simon knelt on his knee,
An' he saw as he glow'red
Wi' the tail o' his e'e
That armed men held it
Owre bough o' the tree.

"Noo, Simon, to heal
Is your trade, no' to kill,"
Quo' Sir Raif, "An' though, mark ye,
We dootna your skill,
Grup the tow, knaves! If need be
Pull up wi' a will!"

"But what o' my fee,
Noo I ask ye, Sir Raif ?"
"Gin I live, Master Simon,
I'll wager it's safe!
There! Laugh not, ye villains,
His neck ye may chafe!"

O stanched was the blue blude
That ran on the grass,
Sae eident was Simon
His skill to surpass,
Sir Raif was in fair way
His foes to harass.

An' the fee they gae Simon
The tale is aye rife-

For fittin' Sir Raif
To wield sword i' the strife?
'Twas the greatest e'er gi'en-
For they gae him his life!

## HERE ABOOTS.

Doon in the placie I hae my hame
We're an ill-daein' pack o' deils,
For ilk ane gangs a gait o' his ain
An the lave play yap at his heels.
It's argy-bargy-awfu' wark!
An' whiles we come to blows
Till a man's ill-natur' lappers his sark
As it sypes awa' frae his nose.

The rizzon o't's no' far to seek,
I'll tell ye plump an' plain,
We ken oor neebours' business best-
The Deil may hae oor ain!
The wricht's a billy for settin' banes,
The meenister deals in pills,
The doctor thinks his gift's to preach
An' the pollisman mak's oor wills!

There's whiles I think we're waur than maist,
There's whiles I dinna ken,
A raw o' neeps is no' a' like
An' why look for't in men?
Sae gin ye get your birse set up
By some dour cankert carle,
Content yersel'! For min' it tak's
A' kin's to mak' a warl'!

# DROGGIE.

Yersel' is't? Imphm! Man that's bad!
A kin' o' thinness o' the blude?
Gaed aff las' nicht intil a dwam?
Keep's a'! But that's rale nesty, Tam!
An' lossin' taste noo for the dram?
(An' may it dae ye muckle gude!)

Noo! See the libel! "Thrice a day
A tablespunefu' efter food."
Drogues is nae better than they're ca'ed?
Some drumlie-like? Losh! ye're a lad!
The taste'll be byordnar' bad?
(An' may it dae ye muckle gude!)

Weel, here's your mixtur'-auchteen pence,
I'd mak' it cheaper gin I could.
For beast or body maist fowk ken
Best's cheapest at the hin'er en',
An' on my drogues ye may depen'.
(An' may they dae ye muckle gude!)

Forgot your siller? Hae ye though?
Ye're in a richt forgetfu' mood!
Gie't ye on tick? I ken ye fine?
An' whustle on my fingers, syne!
Lat's see that bottle! Here's your line!
(An' may it dae ye muckle gude!)

# THE WEE DRAP.

He's a muckle man, Sandy, he's mair nor sax fit
A size that's no' handy for wark i' the pit,
But frae a' bad mis-chanters he'd aye keepit free
Excep'in' that nicht he'd a fire in his e'e.

He was lyin' an' holin' at wark at the face,
For the gaffer had gi'en him a gey dirty place,
Sae while i' the gloamin' I sat owre my tea
He lowsed an' cam' hame wi' a fire in his e'e.

Ae wife says "Saut butter," ane "Sugar o' leed,"
 An' anither says "Poultice the back o' your heid!"
He first tried them singly an' syne tried a' three,
But sairer an' sairer got Sandy's sair e'e.

Wi's heid in blue flannen (he couldna stan' licht)
I'se warrant he lookit a bonny like sicht,
Till dang near deleerit, as hard's he could flee,
Eck ran to the smiddy for ease till his e'e.

The smith was a billy wha cam' frae the sooth,
An' was awful sair fashed wi' a sutten-doon drooth.
He claimed half a mutchkin as fore-handit fee,
An' syne yokit howkin' in Sandy's sair e'e.

The p'int o' his gully, an' sleeve o' his sark
Was a' the smith's gibbles for surgical wark.
For ae fire extrackit the smith pit in three,
Till Eck was fair rackit wi' pain in his e'e.

At last to the doctor he gangs daft wi' pain,
An' gets a gude sweerin' an' syne some cocaine.
The fire was ta'en oot then, to Sandy's great glee,
An' he spent the neist week wi' a drap in his e'e.

# THE TRICKSTER.

'Twas the turn o' the nicht when a' was quate
An' niver a licht to see,
That Death cam' stappin' the clachan through
As the kirk knock chappit three.

An' even forrit he keepit the road,
Nor lookin' to either side,
But heidin' straucht for the eastmost hoose
Whaur an auld wife used to bide.

Wi' ae lang stride he passed her door,
Nor sign he niver gae nane,
Save pu'in' a sprig o' the rowan tree
To flick on her window pane.

"An' is this to be a' my warnin', Death?
I'm fourscore year an' four,
Yet niver a drogue has crossed my lips
Nor a doctor crossed my door."

"I dinna seek to be forcy, wife,
But I hinna a meenute to tyne,
An' ye see ye're due for a transfer noo
To the Session books frae mine."

"At ilka cryin' I'm handy wife,
Wi' herbs I hae trokit awa',
An' weel ye may dae's a gude turnie, lad,
That's dune ye ane or twa!"

"At the hin'er en' Fair Hornie then!
Fair Hornie lat it be!
An' Govy-dick! ye can tak your pick
O' the ways fowk chance to dee!"

He rattled them owre till weel on fowre
An' the cock gae signs o' life,
On ilka ill he spak' his fill-
But nane o' them pleased the wife.

"Wi' siccan a ch'ice ye're unco nice!
Hoots! came awa woman!" says Death,
"Gin ye canna wale ane o' the fancy kin's,
What think ye o' 'Want o' breath?'"

Noo, Faith! the auld jade was a humoursome taed,
As an auld wife weel can be,
An' she leugh sae sair at his fleechin' air
It fairly gar't her dee!

Wi' a gey teuch sinon in your neck
Ye'll lang keep clear o' skaith,
But the craftiest carle in a' the warl',
An' the kin'liest whiles, is Death.

# GLOSSARY

A acquaint, acquainted. ae, one. aff, off. afore, before. a'gate, everywhere. ain, own. aince, once. ang-bang-pang, embonpoint. argy-bargy, argument. attour, out, over. auld, old. ava', at all. awa', away; fair awa' wi' it, fairly done for. awyte, an affirmative exclamation. ayont, beyond.

B Ba', ball; to get on the ba', to go on a jollification, to get drunk. bade, stayed. bairnie, child. baith, both. bane-doctorin', bone-setting. banned, cursed. barley-bree, whisky. bathered, bothered. bauchles, old shoes, slippers. bedfast, bed-ridden. beelin', suppurating. beerit, buried. besom, broom; a woman of loose character. bide, stay. biggin', building. biled, boiled. billy, fellow. birled, moved quickly. birr, vigour, force. birse, bristle; to get one's birse set up, to get in a rage. bit, at the bit, at the finish. bleeze, blaze, fire. blude, blood. body, person; beast or body, beast or man. bogie-roll, Irish twist tobacco. bonnet-laird, small proprietor. braw, beautiful. breeks, breeches. brithers, brothers. brizzin', pressing. brose, oatmeal mixed with water. bubbly-jock, turkey. Buchan, Buchan's "Domestic Medicine." bude, behoved. buits, boots. bullerin', roaring. buskit, dressed. but-an-ben, two-roomed cottage. byordnar, extraordinary.

C ca', call; work. cahoochy, india-rubber. cankert, ill-natured. canny-like, gently. carle, old man. chappit, struck. cheeky-on, sideways. cheenge, change. cheep, whisper, faint noise. chiel, fellow. chowed, chewed. clachan, hamlet. claes, clothes. clarty, dirty. cloot, mend, patch. clour, dint caused by a blow. cockernony, woman's hair twisted up. cod, pillow. coorse, coarse. crack, talk. craigie, throat. crambo-clink, rhyme, doggerel. crap, crop. cratur, creature. creishy, fat. crockaneetion, smithereens, bits. croochin', crouching. cry, bear (a child). cryin', accouchement. cuits, shins. cutty, pipe.

D daddin', knocking. dae, do. dandrin', sauntering. dang, broke, driven. darkenin', darkness. daur, dare. Daylicht has mony een, daylight reveals many things, explains mysteries. deaved, deafened. dee, die. deevil, deil, the Devil. deid, dead. deleerit, delirious. denners, dinners. devauled, ceased. dichtit, wiped. dingin', dingin' on, falling. dinna, do not. dirk, dagger. distrackit, distracted. dizzen, dozen. doobled, doubled. doon-settin', settlement, start in life. doo's cleckin, pigeon's hatch, two of a family. doot, doubt. dootna, do not doubt. dour, obstinate, hard, severe. dree, suffer. drogues, drugs. drooth, thirst. droothy, thirsty. drumlie-like, showing a sediment. druve, drove. duds, clothes. dune, done. dunt, a stroke causing a hollow sound. dwalt, dwelt. dwam, faint turn. dwinin', wasting, fading.

E Eck, contraction for Alexander. e'e, eye. een, eyes. e'en, even. e'enins, evenings. efterhan', afterwards. eident, diligent. elbuck, elbow. eneuch, enough. ense, otherwise. ettlin', inclined to. expeckin', expecting, enceinte.

F fa', fall. fand, found. fash, trouble. faurer, farther. fearsome, frightful. fecht, fight. feckless, weak, spiritless, worthless. fegs, an affirmative exclamation, a corruption of Faith. fell, hot, acute. ferlies, wonders. fesh, fetch. fin', find, feel. finger't, fingered, palpated. fire (in his e'e), a foreign body. firin', fire-wood. firstlins, first products. fish-hake, a wooden frame on which to hang fish. flang, flung. flannen, flannel. flee, fly; flee out on, scold. fleechin', wheedling. fleg, frighten. fleggit, frightened. forbye, over and above, besides. forcy, forceful. forebears, ancestors. fore-handit, paid in advance. fore-nune, forenoon. forfaughen, exhausted. forrit, forward; even forrit, straight on. fosh, fetched. fowk, folk. fowre, four; weel on fowre, nearly four o'clock. freen's, relations. fricht, fright. fu', full.

G gae, go. gaed, went; gaed owre, went beyond the power of. gaffer, foreman, overseer. gait, way. gaithrin', crowd. gang, go. gangrels, wanderers, tramps. gant, yawn. gar, make, cause. gaun, going. gaun-aboot, wandering. gey, very. ghaistly, ghostly. gibbles, tools. gie, give; gie him the name, name the child after him. gillie-callum, a variety of Scots dance. gin, if. girnin', whining, complaining. gloamin', twilight. glow'red, stared. govy-dick, govy-ding, an exclamation of surprise. gowpin', throbbing. granes, groans. granin', groaning. gree, agree. greenin', longing for. greet, cry, weep. grew, shiver. grewsin', shivering. grup, grip. gruppit, gripped. gude, good. gude-gaun, good-going. gude-mither, mother-in-law. guff, smell. gully, large pocket knife.

H hae, have. Hae! Here. hail, pour down. haill, whole; haill apotheck, whole affair. hame, home; the nicht that the bairnie cam' hame, the night that the child was born. hame-owre, homely. hantle, a considerable number. harns, brains. haud, hold. hauf, half. heedin', paying attention to. heicher, higher. heicht, height. heid, head. heidin', heading. heirskep, heredity, inheritance. herts, hearts; gart the hert rise, made one sick. het, hot. hielant, Highland. hin'er, hinder. hinna, have not. hirplin', limping. hives, bowel-trouble of children. hoast, cough. holin', cutting coal. hoodie-craws, hooded crows. hoor, hour. hoose, house. hornie, fair hornie, fair exchange. howdie, mid-wife. howk, dig. humoursome, humorous. hungert, hungry, starved. hunner, hundred. hurdies, buttocks. hurl, a lift, a drive in a conveyance.

I ilk, ilka, each. ingans, onions. ingle, fire. intil, into. I'se, I. iver, ever.

J joukery-pawkery, trickery. jucks, ducks. juist, just.

K kebbuck, cheese. keepit, kept. kens, knows. kent, knew. kentna, did not know. keppit, met. kilmarnock, a night cap. kimmer, gossip (Fr. commere). kin', kind. kinkhoast, whooping-cough. kin'liest, kindliest. kintraside, countryside. kirk, church, kist, chest. kists o' whistles, organs. knock, clock.

L langer, longer. lang-leggit, long-legged. lappers, clots. lat, let. lauchin', laughing. lave, the rest. law-wer, lawyer. lear, lore, knowledge. learnin', teaching. leear, liar. leech, physician. lees, lies. leggit, legged. leuch, laughed. libel, label. licht, light. lichtsome, cheerful. lilt, a cheerful air. linkit, linked, united. littlens, children. losh, an exclamation, corruption of Lord. losh keep's, Lord keep us. loup, jump. loupin', jumping. lowsed, stopped working, loosened. lum-hat, silk hat. lum-hattit, silk-hatted.

M maist, most. makar, poet. mannie, diminutive of man. mells, mallets, mauls. menners, manners. middenheid, top of the dunghill. miracklous, miraculous, very drunk. mirk, darkness. mischanters, misfortunes. mischeef, mischief. morn's morn, to-morrow morning. mou, mouth. mows, jest; nae mows, no joke. muckle, big. mune, moon.

N naethin', nothing. narra', narrow; narra' i' the swalla', narrow-throated. neeps, turnips. neist, next. nesty, nasty. nice, particular. nieves, fists. nirled, shrunken with age. nocht, naught. nosey-wax, a nobody (expression of contempt). nott, needed. no-weel, unwell.

O Ony, any. orra, odd. owre, over. oxter, the armpit.

P palmer, to wander. parritch, porridge. pawky, shrewd. pechin', panting. pen-gun, pop-gun; to crack like a pen-gun, to be very loquacious. pit, put. pleugh, plough. pooched, pocketed. poopit, pulpit. poother, powder. precentor, leader of psalmody. pree, taste. puddens, bowels. pu'in', pulling.

Q
quate, quiet.

R rackit, stretched, sprained. rale, real. ravel't, confused. reid, red. reid-heidit, red-headed. richt, right. rife, common, widespread. riggin', ridge of a house. rivin', tearing. rizzon, reason. roondit, rounded. roup, sale. row, roll, wrap up. rout, roar. rubbin'-post, post for cattle to rub against. ruggit, pulled roughly. runt, an old hag.

S sair, sore. sair'd, served. sark, shirt. sassenach, Saxon, Southron. saugh, willow. saut, salt. sax, six. scartit, scratched. scunnert, disgusted to the verge of nausea. shakers, pit the shakers on me, set me trembling with fear. shauchle, shamble, walk in a shuffling manner. shoon, shoes. shouther, shoulder. sib, related, like. sic, such. siccar, sure. sicht, sight. sichtit, sighted. siller, money. sin, since. sinon, sinew; wi' a gey teuch sinon in your neck, possessed of good stamina. skaith, harm. skeely, skilful. sklimmin', climbing. slocken, quench, allay. smeddum, spirit, mettle. smiddy, smithy. smirr, slight fall (of rain or snow). smoor, smoort, smother, smothered. snappit, snapped. snaw, snow. snell, piercing. socht, sought. soo, sow. sookeys, suckers; sookers for bairns, children's so-called "comforters." soondin', sounding, examination with a stethoscope. soopled, suppled. sooth, South. sough, rushing sound; to sough awa', to breathe his last. spails, splinters, shavings. spak, spoke. spate, flood. specks, spectacles. sporran, pouch worn with the kilt. spunks, matches. stappin', stepping. starns, stars. staw'd, surfeited. steer, disturbance. stiddy, steady. stoundin', aching. stour, dust. strae, straw; in the strae, in child-bed. straught, straight. stude, stood. sutten-doon, habitual, chronic, settled. swat, sweated. swatch, portion, specimen. sweer, unwilling, obstinate. sweerin', scolding. switin', sweating. syne, since, ago. sypes, oozes.

T tack, lease. taed, toad (used affectionately or otherwise of a person). tapsalteerie, head over heels, topsy-turvy. tastin', small quantity. tatties, potatoes. tauld, told. tel't, told. teuch, tough. thae, those. thee, thigh. thocht, thought, worry, care. thole, endure. thowless, thewless, inactive, feeble. thrang, busy. tick, credit. till, to. timmer, timber. tinkler, tinker. tint, lost. tirravee, fit of passion. tow, rope. trailin', walking slowly. traivelled, walked. trampin', walking. tribbles, troubles. trokit, done business in a small way. tryst, appointment, make an appointment. tuggit, tugged. tuilzie, quarrel, fight, skirmish. twa-fauld, bent nearly double. tyne, lose.

U ugsome, ugly. unco, very. unctioneer, auctioneer. upbye, at a little distance higher. usquebae, whisky.

V
verra, very.

W waddin', wedding. waesomely, woefully. wag-at-the-wa', wall clock with long pendulum. wale, choose. wame, belly. wark, work. warl, world. warsled, wrestled. warslin', wrestling. warst, worst. wat, wet; wat his whustle, took a drink. wauken, waken. waur, worse. wean, child. weel, well. weel-a-wat, I think truly. weel-on, well on, fairly drunk. weet, wet; to weet the bairnie's heid, to drink the health of the new-born child. weird, fate. wersh, insipid. wey, way. whaur, where. whiles, sometimes. whilk, which. whustle, whistle. widdy, gallows. winnock, window. won'er, wonder. wow! I exclamation of surprise. wrang, wrong. wreetin', writing. wricht, carpenter. wrocht, worked. wud, mad. wull, will. wullin', willing.

Y yaird, yard. yarkit, jerked. yokit, started keenly.

756068

Printed in Great Britain by
Amazon.co.uk, Ltd.,
Marston Gate.